BEI GRIN MACHT SICH IHR WISSEN BEZAHLT

AF153450

- Wir veröffentlichen Ihre Hausarbeit, Bachelor- und Masterarbeit

- Ihr eigenes eBook und Buch - weltweit in allen wichtigen Shops

- Verdienen Sie an jedem Verkauf

Jetzt bei www.GRIN.com hochladen und kostenlos publizieren

Neurotischer Wiederholungszwang in Beziehungen. Warum suchen wir uns Partner, die uns frustrieren?

Julia Albrecht

Bibliografische Information der Deutschen Nationalbibliothek:

Die Deutsche Nationalbibliothek verzeichnet diese Publikation in der Deutschen Nationalbibliografie; detaillierte bibliografische Daten sind im Internet über http://dnb.d-nb.de abrufbar.

ISBN: 9783389093177
Dieses Buch ist auch als E-Book erhältlich.

Druck und Bindung: Books on Demand GmbH, Norderstedt Germany
Gedruckt auf säurefreiem Papier aus verantwortungsvollen Quellen

Das vorliegende Werk wurde sorgfältig erarbeitet. Dennoch übernehmen Autoren und Verlag für die Richtigkeit von Angaben, Hinweisen, Links und Ratschlägen sowie eventuelle Druckfehler keine Haftung.

Das Buch bei GRIN: https://www.grin.com/document/1520082

Neurotischer Wiederholungszwang in Beziehungen – warum suchen wir uns Partner, die uns frustrieren?

Name,Vorname:	Albrecht, Julia
Datum:	08.10. 2024
Fakultät:	Naturwissenschaften
Studiengang:	M. Sc. Klinische Psychologie und Psychotherapie
Modulbezeichnung:	M15 Praktikum KPP: Tiefenpsychologie/Antragstellung

* Genderhinweis: Personenbezogene Bezeichnungen sind zur verbesserten Lesbarkeit genderneutral zu verstehen.

Inhaltsverzeichnis

1. Einleitung

In der komplexen Welt der menschlichen Psyche offenbaren sich eine Vielzahl von Dynamiken, die unser tägliches Leben prägen können. So gibt es verschiedene unbewusste Kräfte, die Menschen durch ihr Leben begleiten und zu bestimmten Mustern führen. Jeder Mensch kennt erlebte Situationen und Themen, die sich in irgendwelcher Weise wiederholen. Auch wenn wir uns dieser Wiederholung bewusst sind, diese manchmal bemerken, denken wir doch oft, wir könnten darauf einwirken. Es scheint ein Leichtes, über sich oder andere zu denken, wir müssten es doch besser wissen. Ob es die Freundin ist, die immer wieder Beziehungen mit neuen Partnern eingeht, die sie unglücklich machen; die Schwester, die sich immer wieder in vergebene Männer verliebt oder der Kommilitone, der zu spät mit dem Lernen anfängt und immer wieder enttäuscht von seinen schlechten Noten ist. Es stellt sich im Alltag, in Beziehungen oder im Arbeitsleben die Frage, warum wir immer wieder dieselben Fehler zu machen scheinen, ohne daraus zu lernen. Manche fragen sich, warum sie immer wieder an Partner gelangen, die sie betrügen oder warum sie immer an Jobs geraten, bei denen sie Probleme mit dem Chef bekommen. Oft stellt sich bei den Betroffenen ein Gefühl von Schicksal, willkürlichen äußeren Ereignissen oder gar einem Fluch ein. Dass jedoch ein Grund, ein Muster und auch ein unbewusster Vorteil dieser wiederkehrenden Dinge für die Betroffenen besteht, scheint auf den ersten Blick schwer vorstellbar.

Dem Thema der wiederkehrenden unbewussten Inszenierungen hat sich Sigmund Freud in seinem Buch „Jenseits des Lustprinzips" (1920) erstmals gewidmet. Das dahinterliegende universelle Phänomen nennt er den „neurotischen Wiederholungszwang". Der neurotische Wiederholungszwang ist eine unbewusste Kraft, die uns laut Freud zwingt, dieselbe Frustration der Kindheit immer zu wiederholen.

Diese Hausarbeit widmet sich der Untersuchung und Analyse des neurotischen Wiederholungszwangs. Angefangen bei den Grundlagen der psychosexuellen Entwicklung nach Freud wird die Basis für die Entstehung des neurotischen Wiederholungszwangs beleuchtet. Im nächsten Kapitel wird das Phänomen als solches erklärt und auf die Frage nach dessen Grund für eingegangen. Daraufhin konzentriert sich der Bericht auf das Kernthema der Arbeit: der neurotische Wiederholungszwang in Beziehungen und der Frage, warum wir in Partnerschaften immer wieder ähnliche Frustrationen erleben. Folglich geht der Bericht auf verschiedene Psychoanalytische Theorien ein, um einen Überblick über die psychoanalytische Theorienlandschaft zu verschaffen und die Auswahl der Theorie für die möglichen

Behandlungsansätze nachzuvollziehen. Als wichtigste Theorie in diesem Zusammenhang wird sich in dieser Arbeit auf die Objektbeziehungstheorie bezogen und diese folglich erklärt. Daraufhin werden daraus resultierende mögliche Behandlungsansätze für dysfunktionale neurotische Wiederholungszwänge in Beziehungen erläutert.

2. Grundlagen der psychosexuellen Entwicklung nach Freud

Um ein grundlegendes Verständnis von psychodynamischer Ätiologie zu bekommen, ist es wichtig, die Grundlagen des Gerüsts der Psyche zu betrachten. Zur Annäherung an dieses, wird im folgenden Kapitel der Fokus auf die psychosexuellen Phasen nach Freud gelegt. Diese Phasen seien nach Freud universell, das heißt, dass jedes Kind diese durchläuft (Helle, 2019). Die Aufgabe der Eltern in diesen Phasen ist es, sich flexibel auf die jeweilige Bedürfnislage des Säuglings/ Kindes einzuschwingen und ihr Beziehungsangebot an die Bedürfnisse anzupassen. Wenn dies den Eltern in einer der Phasen nicht gelingt, spricht man von einer Frustration. Eine Frustration in der oralen Phase könnte während dem Füttern durch die Mutterbrust entstehen. Beispielsweise könnte die Mutter das Kind frustrieren, indem sie ihrem Kind dieses in nicht ausreichender Menge zur Verfügung stellt. Wird ein Kind in den oralen Phasen frustriert, spricht man folglich von einer „Oralen Fixierung". In diesem Zusammenhang kommt die Libido ins Spiel. Aus psychodynamischen Gesichtspunkten spricht man von einem Haftenbleiben der Libido, wenn ein Kind in einer Phase frustriert wurde. Eine Erkrankungsdisposition (= Fixierung) ist demnach durch das Haftenbleiben der Libido in einer der psychosexuellen Phasen begründet. Ein „Teil der seelischen Energie ... [entwickelt] sich nicht [weiter] und ... [bleibt] an die vorherrschenden Themen der jeweiligen Phasen (Fixierungspunkte) gebunden" (Jungclaussen, 2018, S. 78). Der dadurch entstehende Grundkonflikt (ggf. mehrere Konflikte) wird verinnerlicht und interpsychisch im Wunsch nach einer Bewältigung wiederholt (=Neurotischer Wiederholungszwang) und führt folglich zur selben Frustration, wie in der Kindheit bereits erlebt. Im Folgenden wird auf die psychosexuellen Phasen nach Freud eingegangen. Der Vollständigkeit halber sei erwähnt, dass im Bereich der Entwicklungspsychologie auch andere Theorien, beispielsweise von Piaget und Erikson existieren. In dieser Hausarbeit beschränke ich mich jedoch auf die klassisch analytische Theorie nach Freud. Durch dieses Kapitel soll deutlich werden, welche unbewussten Kräfte bei unterschiedlichen Wiederholungszwängen zugrunde liegen können.

2.1 Orale Phase

Die orale Phase geht, als erste Phase der psychosexuellen Entwicklung, von einem Alter von null bis zwei Jahren. Der Säugling braucht in dieser Phase die Nähe und Bindung seiner Bezugspersonen. Der zentrale Modus des Säuglings in dieser Phase ist das „haben wollen". So können Frustrationen in dieser Phase beispielsweise durch Hungernlassen oder ein allgemeines Unbeteiligsein der Eltern entstehen. Frustrationen und die damit einhergehende Fixierung führt bei dem Säugling zu einem Grundkonflikt der Nähe oder Bindung (Helle, 2019).

2.2. Anale Phase

Die Anale Phase reicht vom Alter von zwei bis drei Jahren. Das Kleinkind kommt in das Alter der Sauberkeitserziehung (Helle, 2019). Der vorherrschende Modus ist das Ausstoßen vs. Zurückhalten der Ausscheidungen und damit das Kontrollieren dieser. Das Kleinkind empfindet die Ausscheidungen als zu sich gehörenden Körperinhalt, welcher beim Ausstoßen als Geschenk an die Eltern gegeben wird. Die zentrale Angst in dieser Phase ist die Beraubung des Körperinhaltes gegen den Willen des Kindes. Klassisch für diese Phase ist auch das Testen von Grenzen der Eltern und durchsetzen des eigenen Willens (Trotzphase) (Helle, 2019). Die Trotzphase erprobt also das Durchsetzten von autonomen Bestrebungen gegenüber den Eltern. Folglich geht es in dieser Phase um die Entwicklung von Autonomie und Kontrolle, die das Kleinkind in dieser Phase lernt zu entwickeln und einzusetzen. Dies geschieht auch durch die zunehmende Erkundung der Umgebung, die durch hinzukommende motorische Fähigkeiten wie Krabbeln und Laufen möglich wird. Eine Fixierung in dieser Phase kann beispielsweise durch eine zu strenge Sauberkeitserziehung entstehen, bei dem das Kleinkind nicht selbst entscheiden kann, wann es seinen Kot ausstoßen möchte, sondern genötigt wird auf der Toilette sitzen zu bleiben, bis es seinen Körperinhalt abgegeben hat. Ein anderes Beispiel für eine Fixierung in dieser Phase könnte eine ängstliche Mutter sein, die ihrem Kind nicht ausreichend Autonomie zutraut, um die Umgebung zu erkunden. Frustrationen in dieser Phase führen bei dem Kleinkind zu einem Grundkonflikt der Autonomie oder Kontrolle (Helle, 2019).

2.3 Phallische Phase / Ödipale Phase

Die ödipale Phase beginnt laut Freud mit dem Alter von drei Jahren und reicht bis ins sechste Lebensjahr des Kindes. „Entwicklungspsychologisch werden sich Kinder in dieser Phase ihrer eigenen Geschlechtszugehörigkeit bewusst, was […] beim Jungen die Kastrationsangst und beim Mädchen den Penisneid zur Folge hat. […]. Der zentrale Konflikt besteht in der Rivalität zwischen dem Jungen und dem Vater um die Liebe der Mutter bzw. in der Rivalität zwischen dem Mädchen und der Mutter um die Liebe des Vaters " (Helle, 2019, S.19).

Eine Fixierung in dieser Phase entsteht durch eine fehlende Triangulierung. Dies kann dadurch entstehen, dass das Kind nicht lernt, dass es eigenständige Beziehungen zur Mutter und zum Vater hat, während die beiden auch eine eigenständige Beziehung zueinander pflegen (Triangulierung) (Helle, 2019). Bei erfolgreicher Überwindung des Ödipalen Konflikts und einer gelungenen Triangulierung hat das Kind folgendes gelernt: „für das kleine Mädchen bleibt der Vater unerreichbar und der kleine Junge macht die Erfahrung, die Mutter nicht allein besitzen zu können. Das Kind entwickelt nun die Fähigkeit, libidinöse Strebungen verdrängen oder auch sublimieren zu können." (Helle, 2019, S.20).

2.4 Latenzphase

Die Latenzphase beginnt mit dem Alter von fünf Jahren und hält laut Freud den Rest des Lebens an (Helle 2019). „Mit Eintritt in die Pubertät erfolgt die Zusammenfassung der Patrialtriebe in einem Sexualtrieb, der sich nun in den Dienst der Fortpflanzung stellt" (Freud, 1923b). „Während in den bisher beschriebenen Phasen das Interesse eher selbstbezogen oder auf Familienmitglieder gerichtet war, orientiert sich der Mensch ab der Vorpupertät hinsichtlich der Suche nach sexueller Befriedigung nach außen. Sexualität tritt nun in den Dienst der zwischenmenschlichen Partnerschaft." (Helle, 2019, S. 21). So machen Jugendliche in diesem Abschnitt ihres Lebens erste sexuelle Erfahrungen miteinander.

2.5 Genitale Phase

„Mit Eintritt in die Pubertät erfolgt die Zusammenfassung der Patrialtriebe in einen Sexualtrieb, der sich nun in den Dienst der Fortpflanzung stellt" (Freud, 1923b). „Während in den bisher beschriebenen Phasen das Interesse eher selbstbezogen oder auf Familienmitglieder gerichtet war, orientiert sich der Mensch ab der Vorpubertät hinsichtlich der Suche nach sexueller Befriedigung nach außen. Sexualität tritt nun in den Dienst der zwischenmenschlichen Partnerschaft." (Helle, 2019, S.21) So machen Jugendliche in diesem Abschnitt ihres Lebens ersten sexuellen Erfahrungen miteinander.

3. Neurotischer Wiederholungszwang

Um zu verstehen, welchen Zweck der neurotische Wiederholungszwang hat, muss berücksichtigt werden, dass die Psyche ihn als eine Art der Bewältigung nutzt. Es ist eine Bewältigungsversuch des daraus resultierenden unbewussten Bedürfnis, der noch keine (Er-) Lösung gefunden hat. Gerade weil diese Konflikte noch keine (Er-) Lösung gefunden haben, können sie nicht in der Vergangenheit gelassen werden und werden durch den neurotischen

Wiederholungszwang in die Gegenwart geholt. Die Psyche wiederholt also die ungelösten unbewussten Konflikte aufgrund der Hoffnung auf Lösung (Loetz & Müller, 2019).

Als Beispiel möge man sich einen Patienten vorstellen, der nach jeder Sitzung einen Gegenstand in der Praxis vergisst. Diese vermeidliche Kleinigkeit könnte man auf eine allgemeine Vergesslichkeit des Patienten schieben. Geht man jedoch den Weg des „Szenischen Verstehens", kann man die Symbolträchtigkeit dieser Handlung sehen. Szenisches Verstehen bezieht sich auf einen zentralen Begriff der Psychoanalyse, geprägt durch Alfred Lorenzer (1970). Das szenische Verstehen bezieht sich auf die Fähigkeit, nicht nur die expliziten Inhalte von Sprache zu berücksichtigen, sondern auch die impliziten, zwischenmenschlichen und kulturellen Bedeutungen, die in der Art und Weise, wie Menschen miteinander kommunizieren, verschlüsselt sind. Der Patient könnte im Verlauf der Therapie von einem Gefühl der Einsamkeit berichten. Auch wenn dem Patienten nicht bewusst ist, warum er immer wieder Gegenstände in der Praxis hinterlässt, könnte er damit den unbewussten Wunsch „Ich will nicht vergessen werden" ausdrücken. In diesem Beispiel wird deutlich, dass der neurotische Wiederholungszwang über die Sprache des Handelns unbewusste Wünsche ausdrückt. Folglich spricht das Unbewusste also eine Sprache des Handelns. So spricht auch Jaques Lacan bereits 1979 davon, dass das Unterbewusstsein nicht versteckt ist, sondern im Gegenteil im Außen erkennbar ist. Es sei also im Außen sichtbar, trotzdem würde es oft übersehen werden, wenn man für das Erkennen nicht trainiert sei.

4. Neurotischer Wiederholungszwang in Beziehungen

Im neurotischen Wiederholungszwang in Beziehungen zeigt sich die Schnittstelle zwischen der Fixierung in den frühkindlichen Phasen nach Freud, dem daraus resultierendem Grundkonflikt und der Übertragung von Objektbeziehungsrepräsentanzen in Verbindung mit dem Partner. Zur Anschauung sei ein einfaches Beispiel aufgeführt: Man stelle sich einen kleinen Jungen vor, der die ödipale Phase nicht adäquat bewältigen konnte. Dies ist passiert, da er nicht gelernt hat, dass seine Eltern eine Beziehung zueinander pflegen können, in der er nicht vorkommt (Triangulierung) – und trotzdem die Beziehung zur Mutter dadurch nicht bedroht ist. Die hier fehlende Frustration des Jungen, von seiner Mutter nicht zu bekommen, was er sich wünscht, führt dazu, dass er sich keine Partnerin im Außen sucht, die verfügbar für eine ernste Partnerschaft ist. Die Frustration und das Inzestverbot würden dazu führen, dass sich der junge Mann von seinen Eltern abnabelt und nach einer Befriedigung dieser Bedürfnisse im Außen sucht. Als der kleine Junge Erwachsen wird, sagen wir etwa mit einem Alter von 17 Jahren, erlebt er das erste Mal, wie er sich in die Mutter eines Freundes verliebt. Im Laufe der Jahre fällt ihm auf, dass er sich besonders zu vergebenen Frauen hingezogen fühlt. Er sucht im Alter von 24 eine Psychologische Psychotherapeutin auf, um dem Problem auf den Grund zu gehen. Im Laufe der Therapie bemerkt er, wie er immer mehr Fantasien, sexuelle und romantische Gefühle gegenüber der Therapeutin entwickelt.

In diesem Beispiel wird deutlich, wie sich der ödipale Grundkonflikt aus der Kindheit im Erwachsenenalter auf Beziehungsebene wiederholt zeigt. Die Frustration in den Beziehungen, von der im Titel dieser Hausarbeit die Rede ist, zeigt sich bei diesem Beispiel in der Unerreichbarkeit der Partnerinnen. Unbewusst drückt sich hier aus, dass der junge Mann eigentlich keine Beziehung eingehen möchte, da er noch darauf hofft, diese mit seiner Mutter führen zu können. Hier lässt sich wiederum die Brücke zu Lacan schlagen, der, wie bereits angeführt, sagte, dass das Unbewusste im Außen erkennbar sei (Lacan, 1979). In dieser Dynamik zeigt sich die von Jaques Lacan beschriebene Formel der Subjekt-Objekt Beziehung. Demnach würden Subjekt und Objekt (in diesem Beispiel der junge Mann und die Frauen, in die er sich verliebt) nie perfekt aufeinanderpassen (Lacan, 1978). Der Teil an Bedürfnissen, den die Beziehung nicht abdecken kann, ist die Frustration (=Fixierung), die verspürt wird. So lässt sich hier die Brücke zu den Frustrationen der psychosexuellen Phasen nach Freud schlagen, die sich in den nicht aufeinanderpassenden Teilen zeigt. In diesem Beispiel handelt es sich um eine pathologische Frustration. Es sei hier aber erwähnt, dass sich in jeder Beziehung Frustrationen auftun, egal wie pathologisch sie sind oder nicht. Keine Beziehung ist perfekt und es bestehen immer mindestens ein kleiner Teil an Bedürfnissen, der nicht erfüllt werden kann. Behandlungsbedürftig sind diese Frustrationen, wenn aus ihnen Symptome entstanden sind.

5. Verschiedene Psychoanalytische Strömungen

Seit den Ursprüngen der Psychoanalyse, die bis zum Ende des 19. Jahrhunderts zurückreichen, hat es zahlreiche Entwicklungen sowohl in der Theoriebildung als auch im grundlegenden Verständnis der Therapie gegeben. Diese Entwicklungen führten innerhalb der Psychoanalyse zu intensiven Kontroversen. Heutzutage kann die Psychoanalyse als eine lose Verbindung verschiedener theoretischer Fragmente beschrieben werden, die als gemeinsamen Bezugspunkt Freud heranziehen. Während eine Gruppe die Kraft konfrontativer Deutungen betont, legen andere den Fokus auf korrigierende Beziehungserfahrungen, und wieder andere betonen bedingungslose Empathie (Helle, 2019). Obwohl die Kontroversen noch nicht abgeklungen sind, scheinen sich diese verschiedenen Strömungen zunehmend zu vereinen. Somit kann heute von einem breiten Spektrum verschiedener psychodynamisch begründeter Ansätze gesprochen werden. Diese Ansätze können gerade vor dem Hintergrund der Vielfalt bestehender Störungsbilder als gegenseitige Ergänzungen verstanden werden (Helle, 2019). Im Folgenden werden die verschiedenen Strömungen der psychoanalytischen Theorienentwicklung kurz skizziert.

Angefangen mit Sigmund Freud wurde die Psychoanalyse mit seinem ersten bedeutenden Werk „Zur Ätiologie der Hysterie" im Jahr 1896 erstmals ins Leben gerufen. Für Freud war die Rolle des Unbewussten besonders bedeutsam, so wie auch frühkindliche Erfahrungen, Triebe, der Sexualtrieb (Libido) und die Träume des Patienten. Freuds Schüler, Carl Gustav Jung, ging nicht mit allen Überlegungen Freuds mit und brachte eigene Theorien heraus. Jung warb für die Existenz eines kollektiven Unbewussten und bestimmten Archetypen. Außerdem betonte er unter anderem die Typologie der Persönlichkeit mit den Gegensätzen der Interversion und Extraversion, welche heutzutage in dem Modell der Persönlichkeitspsychologie der „Big Five" ihren Platz finden (Helle, 2019).

Ein weiterer wichtiger Psychoanalytiker war Alfred Adler (1970-1937). Er formte die sogenannte Individualpsychologie. Ein wichtiger Begriff dieser Theorie war der Minderwertigkeitskomplex. Dieser wurde als zentrales Merkmal der psychischen Dynamik des Menschen angesehen. Dieser Komplex manifestiert sich durch das Bestreben nach Kompensation, indem Individuen nach Macht, Geltung und Sicherheit streben. Adler betonte auch die Minderwertigkeit von Organen, wobei körperliche Erkrankungen aus Organminderwertigkeiten resultieren können. Kompensation ist möglich durch das Wachstum des minderwertigen Organs oder die Unterstützung beeinträchtigter Funktionen durch ein anderes Organ. Ein erfolgreicher Ausgleich könne demnach zu Überkompensation führen, was zur Entwicklung herausragender Fähigkeiten führen kann (Helle, 2018).

Melanie Klein (1882-1960) hingegen, konzentrierte sich auf die frühkindliche Entwicklung und Beziehung des Kindes zu inneren Objekten, um die Entwicklung der Emotionen und Persönlichkeitsstruktur des Patienten zu erklären. Die klassische Kleinianische Schule bezieht sich auf frühkindliche Konflikte, die Objektbeziehungstheorie, Integration aggressiver Impulse und den Ausdruck der inneren Welt durch Symbolisierung und Spielen (Helle, 2019).

Ein weiterer einflussreicher Theoretiker war Heinz Kohut (1913-1981), welcher die

Ich-Psychologie begründete. Er prägte unter anderem besonders den Begriff des Selbstobjektes und der Selbstobjektübertragung. Selbstobjekte sind seiner Auffassung nach „all jene Objekte, die in irgendeiner Form für das Selbst bedeutsam und somit selbststrukturgebend und stabilisierend sind" (Helle, S.32, 2018). Diese können auch durch Übertragung an äußere Objekte gebunden sein (Spiegel-, Zwillings- und Idealisierte Selbstobjektübertragung).

Die Theorie der Intersubjektivität, maßgeblich von G. E. Atwood und R. D. Stolorow entwickelt, geht davon aus, dass die Psychodynamik der Patienten nur im intersubjektiven Kontext verstanden werden kann. Im Gegensatz zur traditionellen Autonomievorstellung der Psyche betonen Vertreter der Intersubjektivität, dass die Dynamik des wechselseitigen Austauschs von zentraler Bedeutung ist. Damit ist sowohl der Austausch zwischen Patienten und Therapeut besonders wichtig als auch die Person des Therapeuten und sein Beziehungsangebot.
Die aktuelle Theorie der psychoanalytischen Strömungen ist die Relationale Psychoanalyse, welche als Ergebnis von Bemühungen zu verstehen ist, sämtliche psychodynamische Therapien und Theorien zu integrieren, auch genannt „relation school" (Greenberg und Mitchell, 1983). Hier wird der Patient als interpersonales Wesen betrachtet, dessen psychische Realität als relationale Matrix verstanden wird, in der persönliche Erfahrungen durch Bezogenheit entstehen. In der Therapie steht die Erweiterung von frühkindlichen Beziehungsmustern im Fokus, wobei der Psychotherapeut eine authentische Beziehung eingeht und die Möglichkeit der Selbstenthüllung ermöglicht. Hier ergeben sich Ähnlichkeiten mit der Intersubjektivistischen Theorie. Im Gegensatz dazu kommt hier jedoch das Thema der Durchdringung und Bereicherung im Therapieverlauf von Realität und Fantasie hinzu.
Im nächsten Kapitel wird auf die Behandlungsmerkmale der psychodynamischen Psychotherapie mit dem Hintergrund der Objektbeziehungstheorie eingegangen, da sich diese für den Schwerpunkt der Arbeit besonders anbietet (Helle, 2018).

6. Objektbeziehungstheorie

In den 1950er-Jahren markierte die Entwicklung der Objektbeziehungstheorie einen bedeutsamen Wendepunkt innerhalb der psychoanalytischen Theoriebildung. Bisher lag der Fokus auf dem Individuum und seiner innerpsychischen Dynamik im Rahmen der Ein-Personen-Psychologie. Danach rückten die zwischenmenschlichen Erfahrungen, das Beziehungserleben und ihr Einfluss auf die menschliche Entwicklung in den Mittelpunkt. Demzufolge spricht man im Kontext der Objektbeziehungstheorie auch von einer Zwei-Personen-Psychologie. Wichtigste

Vertreter dieses Ansatzes sind M. Klein, M. Balint, W. Fairbairn, D. W. Winnicott und O. Kernberg (Helle, 2019, S.28). Ein wichtiger Begriff der Obejktbeziehungstheorie ist die „Beziehungsrepräsentanz". Das Kind, dem bestimmte Bedürfnisse von seiner Mutter versagt wurden, speichert eine innerseelische Repräsentanz dieser Beziehung zur Mutter ab. „Objektbeziehungen sind Repräsentanzen von sich und anderen, die über einen spezifischen Affekt miteinander verbunden sind und beim Betreffenden die Wahrnehmung der äußeren Realität beeinflussen" (Clarkin et al., 2001, S.12). Diese Beziehungsrepräsentanz besteht aus verschiedenen Teilen: einerseits dem Teil der Selbstrepräsentanz (Selbstanteile), dem der Objektrepräsentanz (Anteile des anderen) und dem Affektbetragt (Gefühle, die mit den Repräsentanzen verbunden sind). Als Beispiel zur Veranschaulichung stelle man sich Folgendes vor: Ein Kind, das seine Mutter als stark und kontrollierend empfindet (Objektrepräsentanz), könnte darüber Wut empfinden (Affektbetrag) und sich selbst gegenüber der Mutter als schwach und unterwürfig empfinden (Selbstrepräsentanz). Natürlich finden sich in unser aller Psychodynamik unterschiedliche Objektbeziehungsrepräsentanzen, welche bei einer gesunden Entwicklung flexibel wechselbar und miteinander verbunden sind.

7. Behandlungsansätze und Möglichkeiten im therapeutischen Setting

Im therapeutischen Rahmen übertragen sich diese Repräsentanzen auf den Therapeuten (Übertragung) und der Therapeut überträgt seine Objektbeziehungsrepräsentanzen auf den Patienten (Gegenübertragung). Natürlich sei hierbei anzumerken, dass ein guter Therapeut sich dieser Gegenübertragungen bewusst ist und diese Gefühle, von denen des Patienten und seinen Übertragungen trennen kann. Folglich steht in der Therapie die Beziehung zwischen Therapeuten und Patient im Fokus. Diese Beziehungsarbeit hat zum Ziel, dass der Patient diese Übertragungen erkennt und flexibler damit umgehen kann. Außerdem soll die Beziehungsarbeit mit dem Therapeuten dem Patienten korrigierende Beziehungserfahrungen ermöglichen, indem der Therapeut beispielsweise anders reagiert als vom Patienten, aufgrund von bestimmten Objekt-Beziehungsrepräsentanzen, erwartet. Die Entschlüsselung der Gegenübertragungen kann nur gelingen, wenn der Therapeut den Ursprung der Übertagung von ihm selbst vs. dem Patienten gut trennen kann. Damit ist gemeint, dass der Therapeut in der Lage sein muss zu identifizieren, welche Gefühle, die im Kontakt mit dem Patienten auftauchen den Ursprung in sich selbst haben und welche zum Patienten gehören. Diese Arbeit ermöglicht außerdem die Veränderung der Objektbeziehungsrepräsentanz(en), die nicht mehr nur die elterlichen Beziehungsangebote abbilden, sondern die neu erlebten Erfahrungen mit dem Therapeuten integrieren. Dies lässt sich durch mehrjährige Arbeit und das Durcharbeiten von zentralen Themen des Patienten festigen. Ist dies gelungen, kann der Patient auf diese qualitativ verbesserte internalisierte Objektbeziehung auch nach der Therapie stabil zurückgreifen (Gumz & Hörz-Sagstetter, 2018, S.224). Die korrigierende Beziehungserfahrung ist außerdem wichtig, um nicht im neurotischen Wiederholungszwang zu verharren, sondern um beispielsweise zu lernen, dass bei einem Grundkonflikt der Kontrolle vs. Unterwerfung (aktiver Modus) nichts Schlimmes passiert, wenn man die Sitzungen nicht immer im Vorhinein durchplant und die Kontrolle etwas abgibt. Ein weiteres Ziel der Arbeit ist es, dass der Patient sich seiner ambivalenten Gefühle und Konflikte bewusst wird und zuvor abgewehrte oder abgespaltene Anteile integriert. Dafür müssen jedoch die Abwehrmechanismen des Patienten Stück für Stück abgebaut werden, was für Patienten als sehr belastend erlebt werden kann. Dies hat zum Ziel, abgewehrte Gefühle und Selbstbilder zu integrieren und infolgedessen reifere Abwehrmechanismen entwickeln zu können.

8. Schlussfolgerung

Der neurotische Wiederholungszwang ist kein Phänomen, was sich unter der Kategorie „Dinge, die wir eigentlich besser wissen müssten" einsortieren lässt. Ganz im Gegenteil ist dieses Phänomen bereits die Lösung für einen aktuell wirksamen Konflikt, welcher zur aktuellen Lebensrealität des Patienten passt und diese kompromisshaft löst. So gehen wir alle immer wieder den Weg der Wiederholung von Mustern, in der Hoffnung diese für uns endgültig lösen zu können. Wenn der Vater den Patienten in seiner Autonomie (anale Phase) eigeschränkt hat, sucht er sich einen Partner, der das auch tut, um das Problem zu lösen. Wenn der Patient schuld daran ist, dass der Vater ihn eingeschränkt hat, dann kann auch er dieses Problem lösen. Wenn er sich eingestehen müsste, dass er daran nicht schuld ist, muss er sich eingestehen, dass der Vater schuld daran war und er daran nichts ändern kann. Das würde bedeuten, dass er wütend auf seinen Vater sein müsste und sich von ihm stückweise emanzipieren müsste. Jedes Kind will seine Eltern lieben und in der Bindung bleiben. Wir wissen es also doch besser – der neurotische Wiederholungszwang ist bereits die beste Lösung für einen inneren Konflikt, die wir ohne psychotherapeutische Arbeit und mögliche korrigierende Beziehungserfahrungen zur Verfügung haben.

Vollständigkeitshalber sei zu erwähnen, dass aufgrund des Umfangs dieser

Hausarbeit nicht auf alle möglichen Formen des neurotischen Wiederholungszwangs eingegangen werden kann und auf den Einbezug einer Strukturäthiologie verzichtet wird. Des Weiteren ist anzumerken, dass sich in der Realität bei Patienten häufig mehrere Konflikte vorfinden und sich demnach der neurotische Wiederholungszwang nicht immer eindeutig auf einen Grundkonflikt zurückführen lässt. Unter Einbezug der Tatsache, dass das Strukturniveau von Patienten einen weiteren großen Einfluss hat, muss eingeräumt werden, dass dieser Bericht nicht das ganze Bild von möglichen neurotischen Wiederholungszwängen abbilden kann, sondern versucht wird ein Grundgerüst in Hinblick auf die Grundkonflikte abzubilden. Außerdem wurde auf weiterführende und differenzierte konfliktbezogene Ätiologie verzichtet, da der Rahmen der Hausarbeit diesen Aspekt nicht einbeziehen konnte und der Fokus auf grundlegendere Konflikte der frühkindlichen Phasen nach Freud gelegt wurde.

Literaturverzeichnis

Freud, S. (1920). Jenseits des Lustprinzips. In *GW* (Bd. 13, S. 1–69). Frankfurt a. M.: Fischer.

Greenberg, R. P., & Mitchell, S. A. (1983). *Object relations in psychoanalytic theory.* Cambridge, MA: Harvard University Press.

Gumz, A. & Hörz-Sagstetter, S. (2018). Psychodynamische Psychotherapie in der Praxis.

Lacan, J.(1978). Die vier Grundbegriffe der Psychoanalyse. Olten: Walter

Loetz, C. & Müller, J. (2019). *Rätsel des Unbewußten.* https://psy-cast.org/de/folge 39-wiederholungszwang-wiederholungszwang-oder-warum-fang-ich-immer-wieder-von-vorne-an/

Lorenzer, A. (2000). *Sprachzerstörung und Rekonstruktion: Vorarbeiten zu einer Metatheorie der Psychoanalyse.* Suhrkamp.

Lacan, J., Miller, J. & Sheridan, A. (2018). Tuché and Automaton. In *Routledge eBooks* (S. 53 64). https://doi.org/10.4324/9780429481826-5

Helle, M. (2019). Psychodynamische Verfahren. *Psychotherapie*, 7-59.

Jungclaussen, I. (2019). *Handbuch Psychotherapie-Antrag: Psychoanalytische Theorie und Ätiologie–PT-Richtlinie–Psychodynamik–Psychogenetische Konflikttabelle–Fallbeispiele.* Klett-Cotta.

Freud, S. (1923b). Die infantile Genitalorganisation. In *GW* (Bd. 13, S. 293–298). Frankfurt a. M.: Fischer.